Bakoa

Te korokaraki iroun Micah ao Nora May

Library For All Ltd.

Bakoa

Te bakoa bon teuana mai buakon te karinan n ika.

A kona n nooraki bakoa i taari n aban nako te aonnaaba.

A rangi n rawata aekan
nako te bakoa.

A aranaki bwa bakoauareke
bakoa ake a rangi ni uarereke.

Ko kona n taua temanna i
nanon baim.

Te bakoa ae te kabanea ni butimwaaka bon te rokea.

A buubura riki taian rokea nakon taian bakoauareke.

A rawata rinanin wiia taian bakoa.

E rangi ni kakang wiin te bakoa ae te rokea.

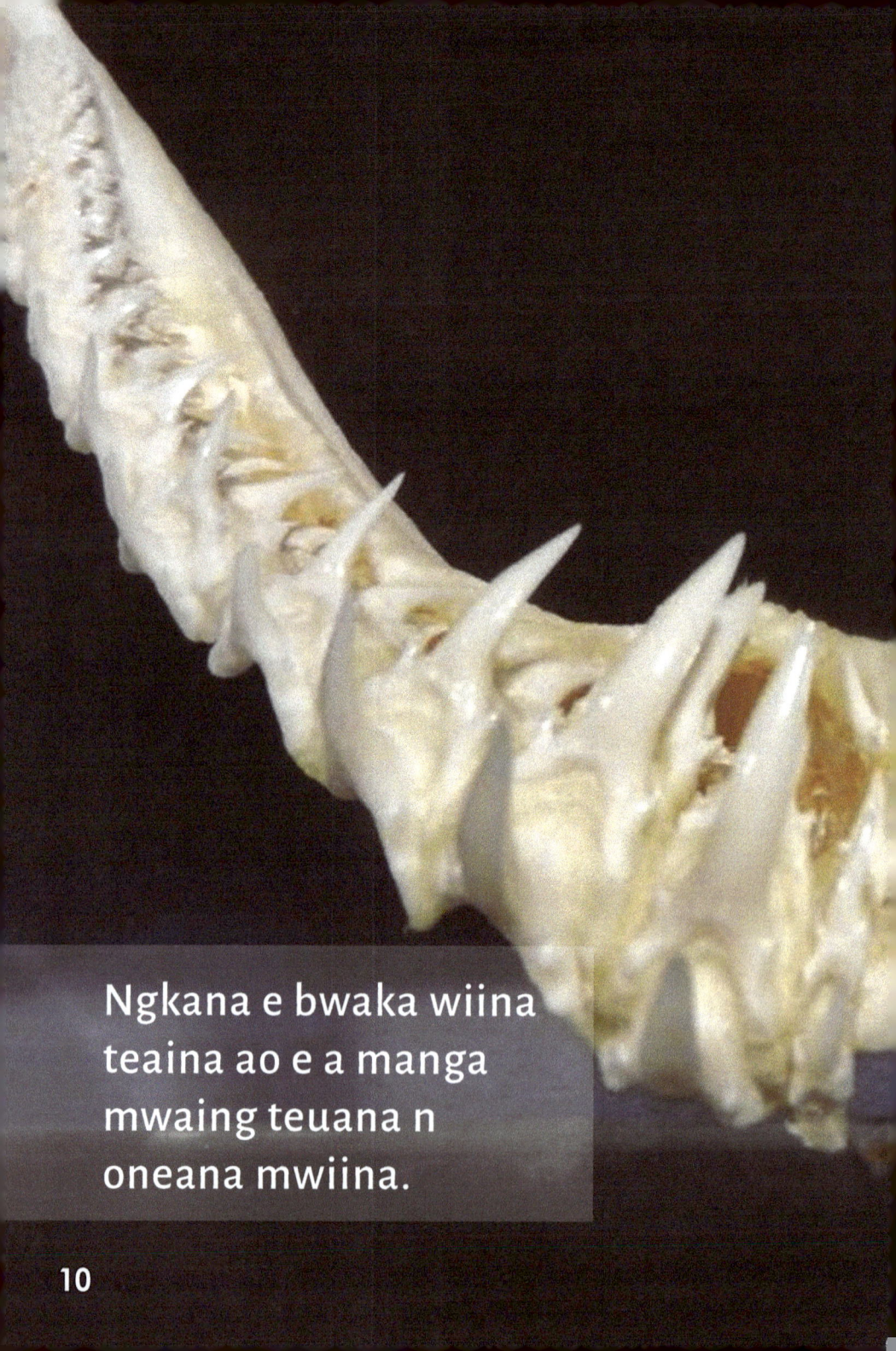

Ngkana e bwaka wiina
teaina ao e a manga
mwaing teuana n
oneana mwiina.

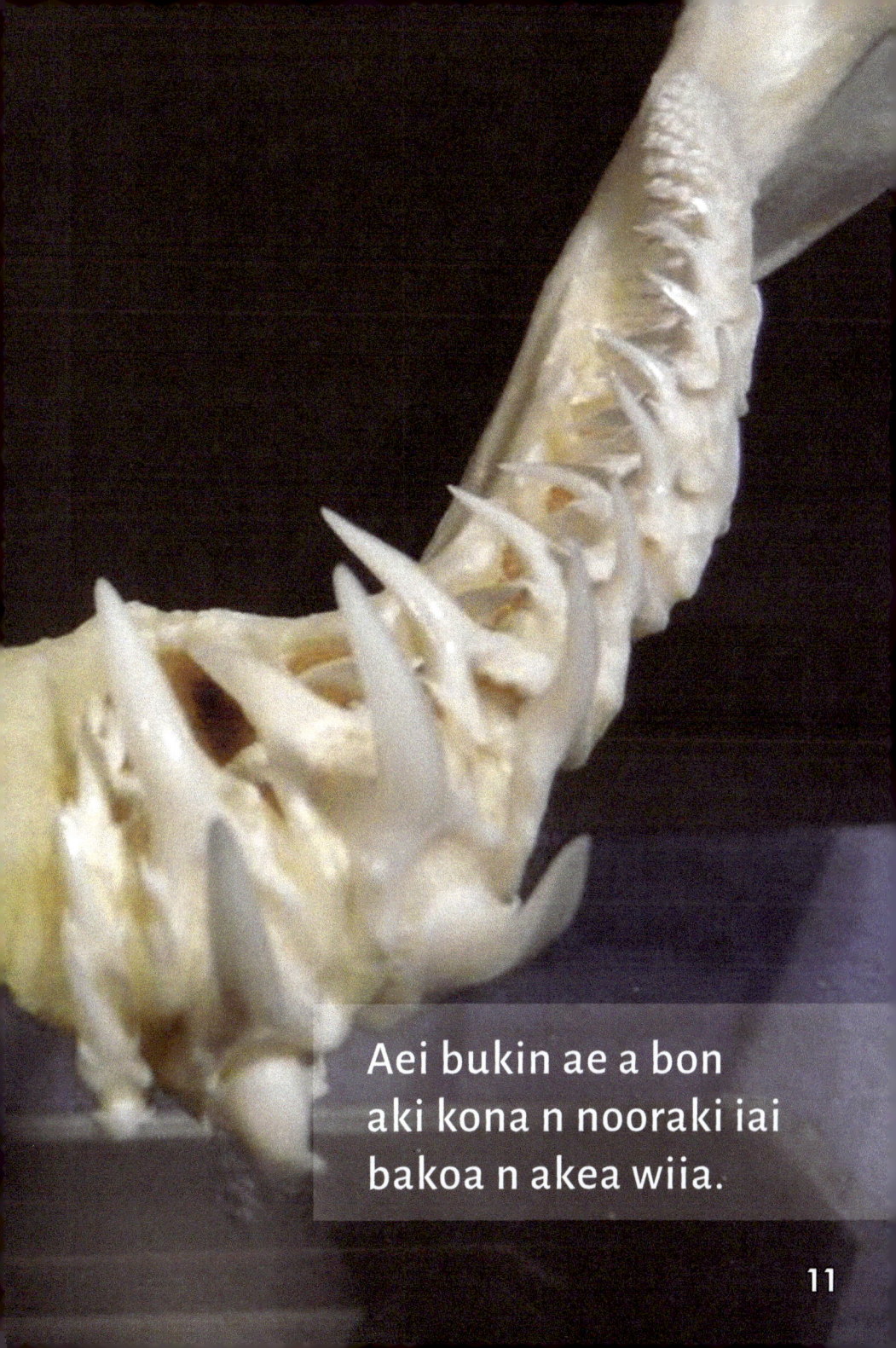

Aei bukin ae a bon
aki kona n nooraki iai
bakoa n akea wiia.

Bakoa aika tootooa ao ni mainaina, boni bakoa aika rangi ni kakamaaku ma n tiritiri.

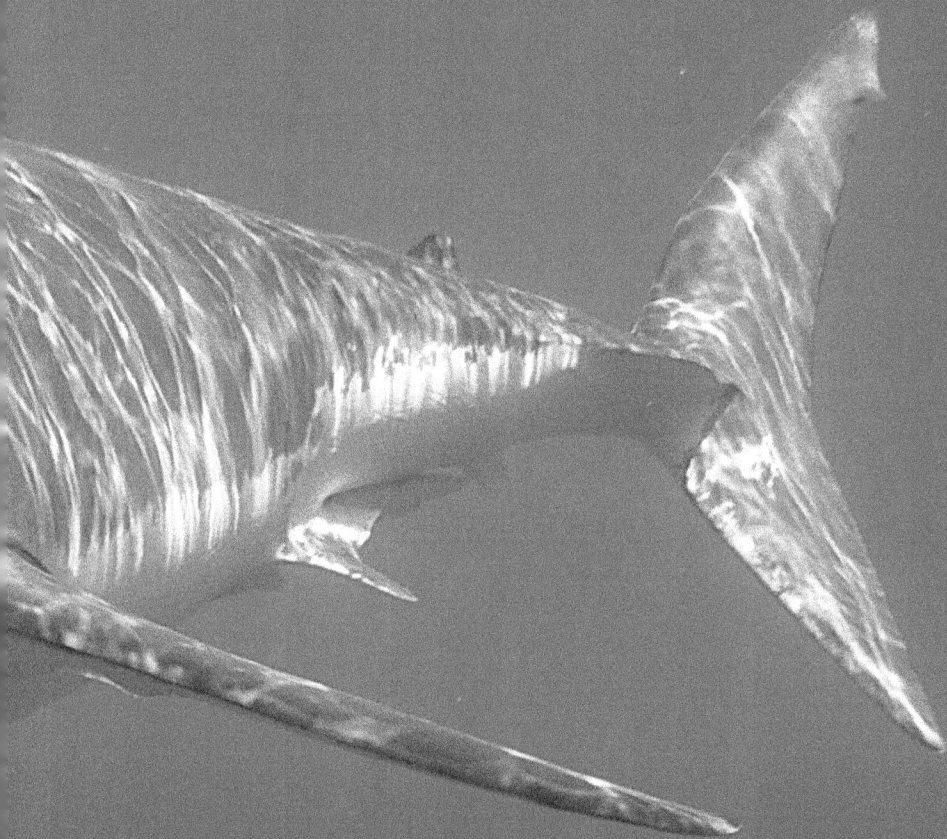

A rangi n rawata wiia
aika kakang.

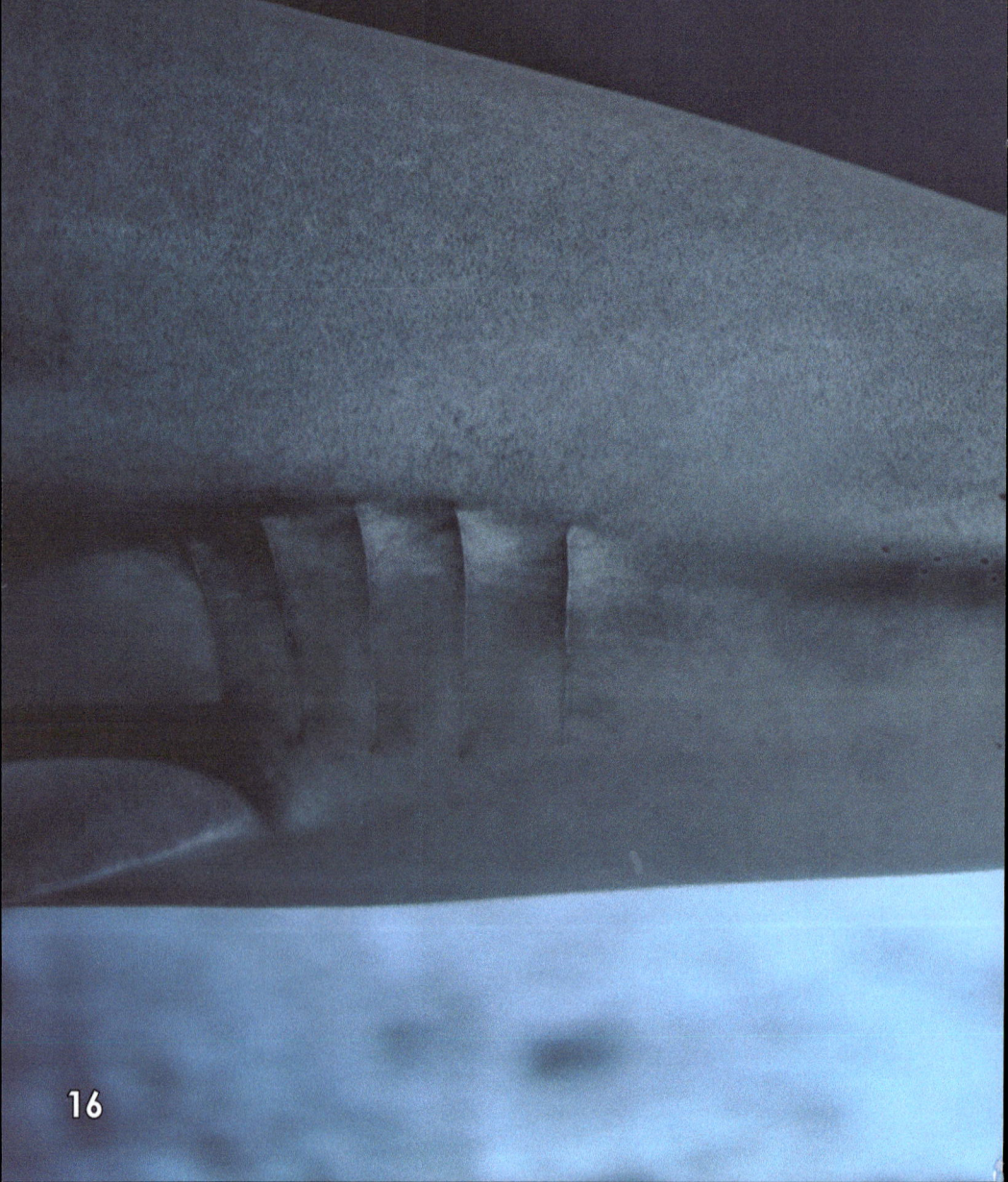

A ikeike bakoa man tabarooia.

Bon iai tabarooia iika ni kabane.

A riai n uaua n taai nako taian bakoa bwa a aonga ni kona n ikeike.

Ngkana a aki uaua ao a mate naba.

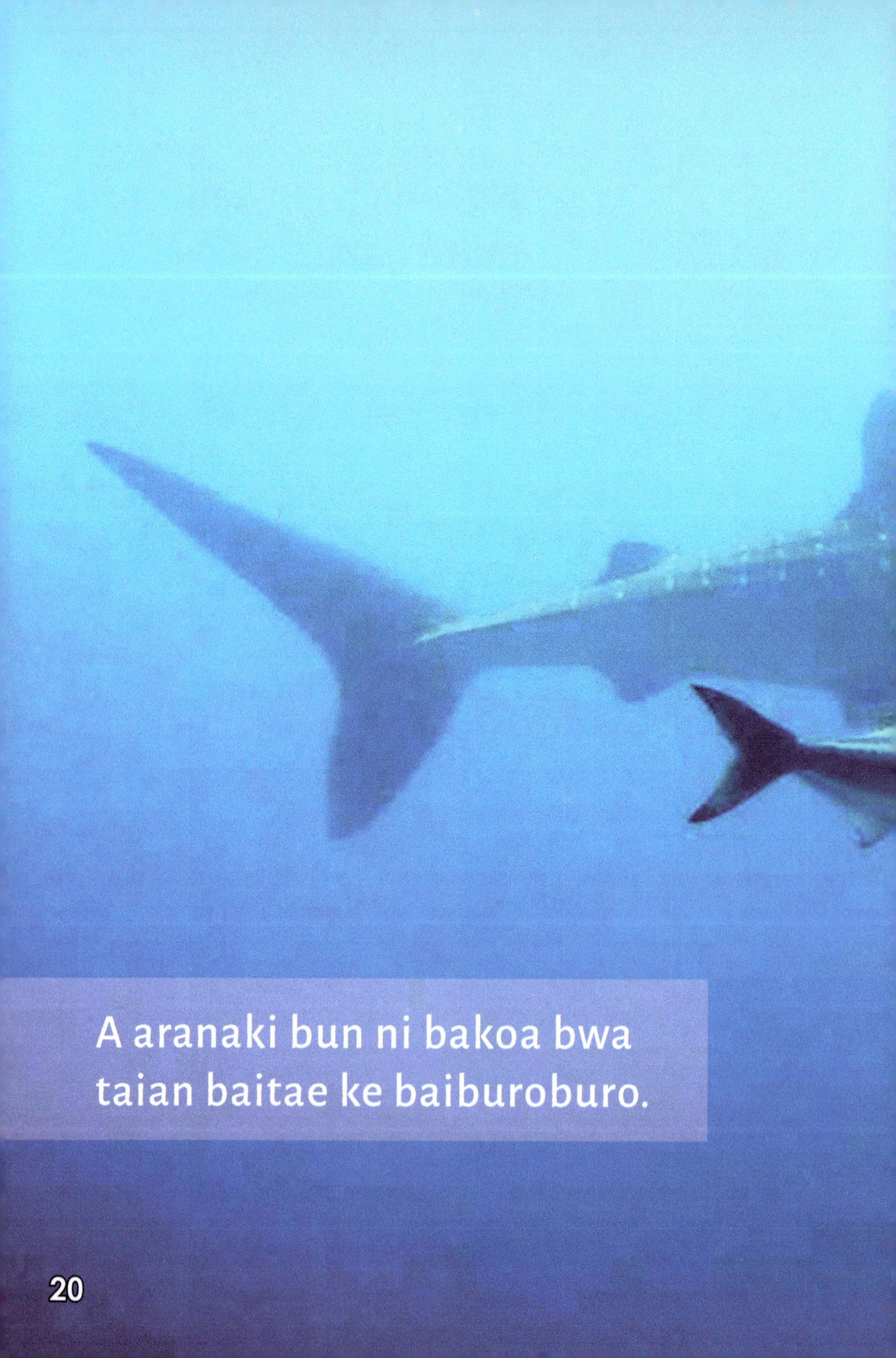

A aranaki bun ni bakoa bwa taian baitae ke baiburoburo.

Ngkana a moan bungiiaki
ao a kona naba n uaua.

A bon bubura riki tiina ni bakoa nakoia natiia.

Kuabakoa boni bakoa aika
moan te buburakaei.

A bon aki teetena ao ni kakamaaku kuabakoa. A kaakang arokan ao manin taari aika rangi n uarereke ao n aranaki bwa taian burangton.

Rongorongon taamnei

Te tabo ni kareke rongorongo n te intanete	Kariaia mairoun	Taamnei	Te Tia Bwaibwai	Rongorongo Ibukin Katanan Te Bwaibwai	Rongorongo Riki Tabeua
Wikimedia Commons	Hermanus Backpackers	Tinanikuna mai moa	https://commons.wikimedia.org/wiki/File:Great_white_shark_south_africa.jpg	E rangi ni uarereke ana bwaibwai te Rabwata ae te Wikimedia Foundation n rongorongo ake a katokaaki, n ana tabo nako ni katoka rongorongo te Wikimedia i aon te intanete. Angiin te bwaibwai n rongonrongo aikanne e bon tiku irouia taan karioa. E ngae n aanne, ao a kona ni karekeaki rongorongo n aki kabooaki man ana tabo n rongorongo ae te 'Wikimedia Commons' man irakin kainibaaire i aona. E aki kainanoaki karekean te kariaia mai iroun te tia bwaibwai n te rongorongo ma tii ngkana ko na kaboonganaa te rongorongo aanne n te aro ae aki irekereke ma are kaotaki n te kanibaaire.	A kona ni manga kabonganaaki rongorongo aika bwaka i aan te raaitienti ae taabangaki n akean te reitaki nakon te tia bwaibwai, ma uringnga bwa: • Tabeua raaitienti a kainnanoa kaotakin are bon ana rongorongo te rongorongo rinanon kaotakin arana. • Tabeua raaitienti a tangira kaotakin raoi te raaitienti n rongorongo ake a okioki kabonganaakiia (n ikotaki naba n taai tabetai, ma kaotakin kariaia ake a irekereke ma te raaitienti). • Tabeua raaitienti a tangiria bwa ngkana iai bitakin tein te rongorongo, a riai bitaki akanne ni kaukaki naba nakoia aomata nako ake a kan kaboonganaa n aki tangira kabooaia. Ni kabaneana. • Rongorongo ake a katokaaki n te intanete ibukin te bootannaomata, a kona n aki kamatoaaki tuaia i aon kaomataan are bon ana rongorongo te rongorongo (e nakon te mwaaka i aon manga kamanenaakin te rongorongo), ma kaomataan are ana rongorongo e kaota etin te bwaibwai i aan te tua.
	Albert kok	Iteranibaa 1	https://commons.wikimedia.org/wiki/File:Caribbean_reef_shark.jpg		
	Chip Clark/ Smithsonian Institution	Iteranibaa 2	https://commons.wikimedia.org/wiki/File:Etmopterus_perryi_SI_cr.jpg		
	Mark Conlin, SWFSC Large Pelagics Program	Iteranibaa 3	https://commons.wikimedia.org/wiki/File:Isurus_oxyrinchus_by_mark_conlin2.JPG		
	Spotty11222	Iteranibaa 4	https://commons.wikimedia.org/wiki/File:Close_up_of_mako_shark_head_005.jpg		
	Pterantula (Terry Goss)	Iteranibaa 5	https://commons.wikimedia.org/wiki/File:Great_White_Shark_(14730719119).jpg		
	Happy Little Nomad	Iteranibaa 11	https://commons.wikimedia.org/wiki/File:Carcharhinus_obscurus_at_Seaworld.jpg		
	Zac Wolf and Stefan	Iteranibaa 12	https://commons.wikimedia.org/wiki/File:Whale_shark_Georgia_aquarium.jpg		
	Derek Keats	Iteranibaa 13	https://commons.wikimedia.org/wiki/File:Whale_shark,_Rhincodon_typus,_at_Daedalus_in_the_Egyptian_Red_Sea._(35827412321).jpg		
Flickr	Travis	Iteranibaa 5	https://www.flickr.com/photos/baggis/6139383927	Ara raaitienti e onoti nakoia aika a tia ni kariaiakaki bwa a na kona n angan te bootannaomata te kariaia ni kaboonganaakin baike a katokaaki, n aanga aika a kaokoro ao n iira te tua ibukin kamanoan te bwaibwai ao tuua riki tabeua. A aki bibitaki ara raaitienti. A riai taan kareke raaitienti ni wareka ao n oota raoi n taian booraraoi i aon raaitienti ake a rineia i mwaain karekeaia. A bon riai naba naake a raaitienti ni kamanoi inaomataia i mwaain karekean aia raaitienti mai iroura bwa aonga ni kaboonganaaki raoi ara rongorongo irouia aomata, n aron are e kaantaningaaki. A riai taan kareke raaitienti ni kamaataatai bwaai aika aki irekereke ma te raaitienti n aron te raaitienti ae te CC, ke bwaai ake a kamanenaaki i aan te kariaia ae onoti ibukin te bwaibwai.	Iai te kariaia nakon te bootannaomata ni kaboonganai rongorongo man iran tuua ao kainibaaire i aan te raaiteienti ae taabangaki. E aki kariakaki man te raaitienti bwa e na kaboonganaaki ana rongorongo n akean ana kariai te tia bwaibwai ibukina bwa e kakaokoro ao n uareereke te kaetieti ibukin kaboonganaan te rongorongo. E tii kariaia ara raaitienti bwa a na kaboonganaaki rongorongo i aan te tua ibukin kamanoan bwaibwai ao inaomata riki tabeua ake a bwaka i aan mwaakan te tia bwaibwai ake e kona ni kaukii nakoia aomata. Iai tianakin kaboonganaan rongorongo aika a raaitienti ibukina bwa iai riki aika a inaomata n rongorongo akanne. E kona ni kanakoi ana buubutii aika onoti te tia bwaibwai n aron te buubutii bwa a na bane ni kataneaki ke ni kabwarabwaraaki taian bitaki. E ngae ngke e aki kainnanoaki aanne n ara raaitienti, ko bon kaungaaki bwa ko na karinei taian buubutii aikai n nooran riaia.
	Travelbag Ltd	Iteranibaa 7	https://www.flickr.com/photos/98585738@N07/10346101216/		

Te tabo ni kareke rongorongo n te intanete	Kariaia mairoun	Taamnei	Te Tia Bwaibwai	Rongorongo Ibukin Katanan Te Bwaibwai	Rongorongo Riki Tabeua
PixaBay	StockSnap	Iteranibaa 8	https://pixabay.com/en/nature-water-animals-shark-blue-2570749/	A kaotinakoaki taamnei ma birim aika a katokaaki n te Pixabay i aan te Creative Commons CCO. Ni kaineti ma te tua, ao a tia taan katokai taamnei ma birim ki aon Pixabay, ni kanakoi katanakin mwakuri ni kaewebwai ma rekerekeia ke inaomata riki tabeua i rarikia ake bon aia bwai. Ni karaoan aio ao ko a kona ni kaboonganai taamnei ma birim aikai ibukin am bitineti n aki kabaeaki bwa ko na kaota aran are bon ana bwai ke te tabo are e nako maiai. E ngae n anne ao e na rangi ni kaaitau ni kaotan arana Pixabay irouia ake a kaboonganai bwaai ake a katokaaki irouna.	A na kona n aki kabonganaaki taian taamnei ma birim n te aro are a na kona ni kaotaki iai kaaia n ae e aki raoiroi, ke ni kaotiia taan kabwaatii bwaai ke mwakuri akanne, karinaniia ma taian rabwata ma tii ngkana iai te kariaia. A kona ni kabaeaki tabeua taamnei ke birim i aan katantan aika a raka, inaomata ni bwaibwai, ana kanikina te tia karaobwai ao a bati riki, ao ni kona ni kainnanoa ana kariaia te kateniua ni bwaatei ke te raaitienti n inaomata aikai.
	Wildfaces	Iteranibaa 9	https://pixabay.com/en/blacktip-hai-dangerous-1294753/		
MaxPixel	N/A	Iteranibaa 10	http://maxpixel.freegreatpicture.com/Kobia-Whale-Shark-Underwater-Ocean-Fish-Divers-207401	E a tia te aomata are e kairekerekea ana bwai ma te mwakuri aei ni kaukiia te bootannaomata bwa a na kona ni kaboonganaa ana bwai anne man kanakoan inaomatana ni bwaibwai ni kabane n ikotaki naba ma rekerekena ao inaomata riki tabeua i rarikina, n aron are e katauaki n te tua. Ko kona ni kaewea, ni bitia teutana, ni kabutianako ke ni karaoa te bwai anne ibukin am bwai ni bitineti n aki kainnanoa karekean te kariaia.	A bon aki rootaki inaomatan temanna ake iai irouna i aon ana karaobwai ke ana kanikina n ana karaobwai n te CC0. Ai arona naba ma uaake iai inaomataia n te bwaai anne, ke aron kamanenaan te bwai anne bwa tao e na uki nakoia te bootannaomata ke n onoti te inaomata iai. Tii ngkana e bon kaotaki, ao te aomata are e kairekerekea te bwai are e katokaaki ma te tua ni bwaibwai aei, e kaakeai rongorongon baike a na kona n reke iroum man kaboonganaan te bwai anne, ma kaangaanga ni kabane ake a na kona n riki, nakon are e katauaki i aan te tua are e kaineti ma ngaia. Ngkana ko kaboonganaa ke ni kaotia bwa antai ana bwai te bwai anne ao ko bon riai n aki kaota te kariaia iroun te tia koreia ke te tia boutokaia.

Glossary

Bakoauareke
Taian bakoa aika taian kabanea n uareereke n te aonaaba.

Tabaroo
Tabaroon te ika ae bon bwain rabwatan te ika ae e kona ni buokia n ikeike.

Bakoa ae totooa
Te aeka ni bakoa ae te kabanea ni kakamaaku man tiritiri.

Burangton
Manin ao arokan taari aika a rangi n uareereke aika a bebeibeti i taari.

Te rokea
Aeka ni bakoa aika taian kabanea ni butimwaaka n te aonnaaba.

Te kuabakoa
Te kua ae karinanin te bakoa ae te kabanea ni buubura n te aonaaba.

Ko kona ni kaboonganai titiraki aikai ni maroorooakina te boki aio ma am utuu, raoraom ao taan reirei.

Teraa ae ko reiakinna man te boki aio?

Kabwarabwaraa te boki aio.
E kaakamanga? E kakamaaku?
E kaunga? E kakaongoraa?

Teraa am namakin i mwiin warekan te boki aio?

Teraa maamaten nanom man te boki aei?

Rongorongoia taan ibuobuoki

E mmwammwakuri te Library For All ma taan korokaraki ao taan korotaamnei man aaba aika kakaokoro ibukin kamwaitan karaki aika raraoi ibukiia ataei.

Noora libraryforall.org ibukin rongorongo aika boou i aon ara kataneiai, kainibaaire ibukin karinan karaki ao rongorongo riki tabeua.

Ko kukurei n te boki aei?

Iai ara karaki aika a tia ni baarongaaki aika a kona n rineaki.

Ti mwakuri n ikarekebai ma taan korokaraki, taan kareirei, taan rabakau n te katei, te tautaeka ao ai rabwata aika aki irekereke ma te tautaeka n uarokoa kakukurein te wareware nakoia ataei n taabo ni kabane.

Ko ataia?

E rikirake ara ibuobuoki n te aonnaaba n itera aikai man irakin ana kouru te United Nations ibukin te Sustainable Development.

libraryforall.org

www.ingramcontent.com/pod-product-compliance
Lightning Source LLC
Chambersburg PA
CBHW040314050426
42452CB00018B/2830